#TOUSTERRIENS

PAR
UN-LOCATAIRE

Investir dans des pièces intemporelles :

ÉCONOMIE CIRCULAIRE ET CONSOMMATION RESPONSABLE

1. Qu'est-ce que l'économie circulaire ?

2. Comment favoriser la consommation responsable ?

Achetez avec intention :

Vérifiez l'origine :

Soutenez les entreprises responsables :

Réduisez, réutilisez, recyclez :

Faites-vous entendre :

Optez pour des produits à emballage minimal :

Favorisez les produits de saison :

Pensez durabilité :

Partagez :

Éduquez-vous :

3. Faire la différence : comment soutenir les entreprises vertes et locales ?

L'ACTION COLLECTIVE ET LA POLITIQUE ENVIRONNEMENTALE

1. Pourquoi l'action collective est-elle essentielle pour sauver la planète ?

Nous sommes tous sur le même bateau :

Le pouvoir est dans nos mains :

L'union fait la force :

Inspirer les autres :

Changer le système :

Participez à des nettoyages communautaires :

Rejoignez ou créez un groupe d'achat commun :

Engagez-vous dans des coopératives locales :

Participez à des manifestations ou à des marches pour le climat :

Impliquez-vous dans la politique locale :

Créez un jardin communautaire :

2. Comment s'impliquer dans des actions environnementales locales ?

Connaissez votre environnement :

Rejoignez des organisations locales :

Participez à des événements locaux :

Proposez des initiatives vertes :

Organisez des ateliers de sensibilisation :

Commencez un club de troc ou de partage d'objets :

Lancez une campagne de nettoyage :

INTRODUCTION

1. Bienvenue dans le voyage vers un avenir durable

Salutations, cher ami de la Terre ! Si vous lisez ces lignes, c'est que vous êtes prêt à prendre un engagement courageux et nécessaire, celui de vous aventurer sur le chemin de la durabilité. Laissez-moi vous féliciter et vous souhaiter la bienvenue : vous êtes sur le point d'entamer un périple qui non seulement transformera votre quotidien, mais qui contribuera aussi à façonner un avenir plus vert pour notre chère planète. Vous êtes sur le point d'écrire une histoire palpitante, celle de votre transition vers l'éco-responsabilité.

Mais vous vous demandez peut-être, comment suis-je arrivé ici ? Bonne question ! Vous n'êtes pas ici par hasard. Vous avez été attiré par la possibilité de vivre une vie qui est non seulement en harmonie avec la nature, mais qui œuvre activement à sa préservation. Vous avez été intrigué par le concept de durabilité, et vous avez ressenti le besoin de comprendre ce que cela signifie dans le contexte de votre vie quotidienne. Et c'est exactement ce que nous allons explorer ensemble.

Vous savez, l'éco-responsabilité n'est pas qu'une question de tri des déchets ou de réduction de l'utilisation des plastiques (bien que ces aspects soient importants). C'est un mode de vie, une philosophie qui englobe chaque aspect de notre existence, de ce que nous mangeons à comment nous nous déplaçons, de la façon dont nous achetons nos vêtements à la manière dont nous décorons nos maisons. C'est une aventure continue, remplie de défis, de découvertes, et de récompenses incroyablement gratifiantes.

Peut-être vous sentez-vous un peu dépassé. Peut-être que vous ne savez pas par où commencer. Peut-être que vous pensez que vos efforts individuels sont trop minuscules pour faire une différence. À tout cela, je dis : ne vous inquiétez pas ! C'est tout à fait normal de se sentir ainsi au début. Et c'est exactement la raison pour laquelle ce guide a été créé : pour vous accompagner pas à pas dans ce voyage fascinant vers un mode de vie durable.

Ensemble, nous allons éclaircir les idées fausses, partager des conseils pratiques, découvrir des produits éco-responsables et surtout, apprendre à faire des choix qui reflètent nos valeurs et notre amour pour notre planète. Car c'est de cela qu'il s'agit, n'est-ce pas ? Aimer notre Terre, et faire tout ce qui est en notre pouvoir pour la protéger.

2. Pourquoi l'éco-responsabilité est-elle importante ?

Quand j'étais enfant, je croyais que la Terre était infinie. Je regardais les montagnes qui se dressaient majestueusement au loin et je me disais : "*Il doit y avoir un million de ces montagnes ailleurs, non ?*". Ah, l'innocence de l'enfance ! Aujourd'hui, bien sûr, nous savons que ce n'est pas le cas. Notre belle planète, avec toutes ses ressources, est finie. Et nous, les locataires de cette planète, avons la responsabilité de veiller sur elle.

Vous vous demandez peut-être : "*Pourquoi est-ce si important ? Pourquoi ne puis-je pas simplement continuer à vivre ma vie comme je l'ai toujours fait ?*" Bonne question.

Imaginez un navire traversant l'océan. Si le navire commence à prendre l'eau, nous n'ignorerions pas le problème en espérant qu'il se résolve de lui-même, n'est-ce pas ? Non, nous réparerions la fuite. Parce que sinon, nous coulerions tous. Eh bien, notre planète est un peu comme ce navire. Elle est pleine de merveilles et de ressources inestimables, mais elle est également fragile et vulnérable. Et elle a commencé à prendre l'eau. L'éco-responsabilité, c'est notre façon de réparer cette fuite.

Mais l'éco-responsabilité ne concerne pas seulement la protection de l'environnement. Elle concerne aussi notre bien-être à tous. Une planète en bonne santé, c'est un air plus pur, une eau plus propre, une nourriture plus saine et des écosystèmes plus stables. Ce sont des sociétés plus équitables et plus durables. Et c'est un avenir plus sûr et plus serein pour nous tous.

Alors oui, l'éco-responsabilité est importante. Non, elle n'est pas facultative. Oui, elle demande des efforts. Mais je vous promets ceci : ces efforts en valent la peine.

3. Comment utiliser ce guide

Maintenant, vous vous demandez peut-être comment utiliser ce guide. C'est très simple. Tout d'abord, je dois dire que ce guide n'est pas un "devoir à faire". Il ne s'agit pas de cocher des cases ou de vous sentir coupable si vous ne parvenez pas à faire quelque chose. L'idée n'est pas de vous stresser davantage, mais plutôt de vous inspirer et de vous montrer qu'il est possible de faire des choix plus durables, même avec un style de vie moderne et trépidant.

Ce guide est comme un buffet de possibilités. Vous pouvez le parcourir à votre guise, prendre ce qui vous plaît et laisser ce qui ne vous convient pas. Chaque petit changement compte, alors ne vous sentez pas obligé de tout faire d'un coup. L'important, c'est de commencer, quelque part, n'importe où.

Voici comment je vous conseillerais de l'utiliser : prenez une tasse de votre boisson préférée, installez-vous confortablement et commencez à lire. Découvrez ce qui vous parle, ce qui résonne en vous. Peut-être qu'une certaine astuce vous semblera facile à mettre en œuvre. Super, commencez par là ! Peut-être qu'un autre conseil vous semblera intéressant, mais nécessitera un peu plus d'effort. Pas de problème, mettez-le de côté pour plus tard.

Et surtout, amusez-vous. L'éco-responsabilité n'est pas une corvée, c'est une aventure. C'est une exploration de nouvelles façons de vivre, de consommer, de penser. C'est une occasion de redécouvrir le monde qui nous entoure et notre place en son sein.

Et n'oubliez pas : vous n'êtes pas seul dans cette aventure. Nous sommes tous dans le même bateau. Alors, partagez vos découvertes, vos réussites et même vos échecs. Parce que, comme on dit, l'union fait la force. Et ensemble, nous pouvons vraiment faire la différence.

Alors, prêt pour l'aventure ? Allons-y !

COMPRENDRE L'ÉCO-RESPONSABILITÉ

1. Qu'est-ce que l'éco-responsabilité ?

Imaginez-vous dans un coin de forêt, là où les rayons du soleil jouent à travers les feuilles, créant un ballet de lumières chatoyantes qui dansent sur le sol recouvert de mousse. L'air est vivifiant, empli de la promesse d'une terre qui respire, qui vit. Les oiseaux gazouillent, le vent chuchote des secrets aux arbres. Ce lieu, c'est notre foyer. Pas seulement le nôtre, mais celui de millions d'espèces vivantes, partageant cette planète, ce petit caillou bleu dans l'immensité cosmique. Et cet écosystème délicat et harmonieux, c'est exactement ce que l'éco-responsabilité cherche à préserver.

L'éco-responsabilité, ce n'est pas simplement un concept à la mode ou un hashtag populaire sur les réseaux sociaux. C'est une philosophie de vie, une approche qui vise à reconnaître et à respecter notre rôle en tant qu'habitants de cette Terre. C'est comprendre que nos actions, aussi minuscules soient-elles, ont un impact sur notre environnement. C'est chercher à réduire notre empreinte carbone, à vivre de manière plus durable et respectueuse, à choisir de se soucier de notre planète comme on se soucie d'un membre de notre famille.

L'éco-responsabilité est un voyage, une quête vers une meilleure compréhension de notre impact sur le monde et comment nous pouvons l'atténuer. C'est un engagement envers nous-mêmes et envers les générations futures. Parce que, en fin de compte, notre planète est le seul foyer que nous ayons. Et ce foyer mérite notre amour, notre respect et notre protection.

L'éco-responsabilité est une carte, une boussole qui nous guide vers des choix plus respectueux de l'environnement. Que ce soit en évitant les produits jetables, en recyclant et en compostant, ou en choisissant des alternatives plus durables, chaque petit geste compte. Chaque action que nous entreprenons est une étape de plus vers une planète plus verte, plus saine et plus heureuse.

Oui, l'éco-responsabilité est une histoire que nous écrivons tous ensemble, jour après jour. Et vous savez quoi? C'est une sacrée belle histoire. Alors, prêts à tourner la page et à commencer ce nouveau chapitre?

2. Pourquoi avons-nous besoin d'être éco-responsables ?

Et là, dans ce petit coin de votre conscience, se trouve notre vieil ami, l'éco-responsabilité. Vous vous souvenez de lui, n'est-ce pas ? Cet état d'esprit qui nous pousse à agir de manière consciente pour notre planète.

Laissez-moi vous expliquer pourquoi il est temps de l'inviter à s'installer confortablement dans votre quotidien.

Car voyez-vous, notre Terre, cette grande hôtesse qui nous a accueillis, nourris et soignés pendant des millénaires, est fatiguée. Ses ressources, bien que généreuses, ne sont pas inépuisables. Chaque sac plastique qui s'envole au vent, chaque robinet qui coule sans fin, chaque déplacement en voiture pour une distance que l'on pourrait aisément parcourir à pied, tout cela épuise un peu plus notre chère Terre.

Alors, pourquoi avons-nous besoin d'être éco-responsables ? Parce que nous sommes, pour reprendre les mots de l'écrivain Antoine de Saint-Exupéry, non pas des héritiers de notre planète, mais des emprunteurs. Parce que nous avons un devoir, non seulement envers nous-mêmes, mais aussi envers les générations futures, de rendre cette Terre dans un état au moins aussi bon que celui dans lequel nous l'avons reçue.

C'est notre devoir d'offrir à nos enfants, petits-enfants et arrière-petits-enfants un monde où ils pourront courir dans les prés, se baigner dans des rivières pures et respirer un air frais et propre. Un monde où le mot "nature" n'évoquera pas une image de désolation, mais une explosion de couleurs, de sons et de vie.

Alors, chers lecteurs, c'est là que l'éco-responsabilité entre en scène. Il est temps de passer à l'action, de repenser notre mode de vie et de faire les choix qui respectent notre maison commune. L'éco-responsabilité n'est pas seulement un choix, c'est un devoir. Alors prenons ce devoir à bras le corps, et donnons à notre Terre l'attention et les soins qu'elle mérite.

3. Comment votre vie quotidienne affecte-t-elle l'environnement ?

Et maintenant, alors que vous vous asseyez confortablement dans votre fauteuil, une tasse de thé à la main et un sentiment de résolution écologique grandissant dans votre esprit, je peux presque entendre votre question : "*Mais comment, moi, simple individu perdu au milieu de milliards d'autres, puis-je réellement avoir un impact sur notre Terre ?*" Laissez-moi vous guider à travers cette réflexion.

Imaginez un moment votre journée typique. Le réveil sonne, vous vous levez, prenez une douche, allumez la bouilloire pour votre café ou votre thé du matin. Vous déjeunez, peut-être une tartine de pain, du beurre, une confiture maison. Vous partez travailler, en voiture ou en transport en commun, vous déjeunez, peut-être un sandwich acheté à la boulangerie du coin. Vous rentrez chez vous le soir, faites vos courses, préparez le dîner, regardez un film sur votre ordinateur avant de vous coucher. Une journée tout à fait banale, n'est-ce pas ?

Pourtant, chaque geste, chaque décision prise au cours de cette journée a un impact sur notre environnement. Cette douche que vous prenez le matin ? Elle consomme de l'eau, une ressource précieuse. La bouilloire que vous allumez ? Elle consomme de l'électricité, souvent produite à partir de combustibles fossiles. Le sandwich que vous achetez pour le déjeuner ? Il est emballé dans du plastique, qui finira probablement dans une décharge ou pire, dans l'océan.

Il est facile d'oublier à quel point nos actions quotidiennes peuvent affecter l'environnement. Après tout, nous ne voyons pas directement les conséquences de nos actes. Pourtant, tout comme une goutte d'eau fait déborder le vase, nos petites actions quotidiennes, multipliées par des milliards d'individus, ont un impact colossal sur notre planète.

Alors, comment votre vie quotidienne affecte-t-elle l'environnement ? La réponse est simple : de manière significative. Chaque geste compte, chaque décision a un impact. Et c'est précisément là que se trouve le pouvoir de l'éco-responsabilité : dans notre capacité à faire des choix qui respectent et préservent notre belle planète. Suivez-moi dans les prochains chapitres, l'aventure ne fait que commencer...

LES BASES DE L'ÉCO-RESPONSABILITÉ

1. Les 5 R de la durabilité : Refuser, Réduire, Réutiliser, Recycler, Rot (composter)

Et nous voici donc, nouveaux chevaliers de la cause environnementale, prêts à brandir nos épées de l'éco-responsabilité pour combattre le dragon de la dégradation environnementale. Mais avant de nous jeter tête baissée dans la bataille, prenons un moment pour aiguiser nos armes. Les 5 R de la durabilité vont devenir nos fidèles compagnons d'armes dans cette quête.

Refuser

Oui, vous avez bien entendu, refuser. *"Mais refuser quoi ?"*, vous demandez-vous certainement. Refuser tout ce qui n'est pas nécessaire, tout ce qui contribue à la surconsommation et à la pollution. Refuser le sac en plastique que l'on vous propose à la caisse du supermarché, refuser le gadget inutile offert avec un produit, refuser l'invitation à participer à la spirale de la consommation effrénée. C'est un premier pas, simple mais efficace.

Réduire

Il s'agit de minimiser notre consommation et notre production de déchets. Réduire le temps passé sous la douche, réduire la quantité de nourriture que nous jetons, réduire le nombre de fois où nous utilisons notre voiture. En d'autres termes, il s'agit de vivre plus simplement, de se concentrer sur l'essentiel.

Réutiliser

Avant de jeter quelque chose, demandez-vous s'il peut avoir une seconde vie. Un pot de yaourt peut devenir un pot à crayons, un vieux t-shirt peut se transformer en chiffon pour le ménage, une bouteille en verre peut servir de vase. Réutiliser, c'est donner une nouvelle vie aux objets, c'est lutter contre l'obsolescence et le gaspillage.

Recycler

Si nous ne pouvons pas refuser, réduire ou réutiliser, alors nous devrions essayer de recycler. Il s'agit de transformer nos déchets en nouvelles ressources, de participer à l'économie circulaire. Le plastique, le papier, le verre, de nombreux matériaux peuvent être recyclés et ainsi éviter de polluer notre planète.

"Rot" (ou composter)

Nos déchets organiques, comme les épluchures de fruits et légumes, peuvent retourner à la terre pour nourrir les plantes et enrichir le sol. En compostant, nous bouclons la boucle, nous participons à la grande symphonie de la vie.

Ces 5 R sont les piliers de l'éco-responsabilité, les fondamentaux sur lesquels nous devons construire notre démarche. En les adoptant, nous pouvons transformer notre quotidien et contribuer à préserver notre Terre.

2. Comment lire les étiquettes des produits éco-responsables ?

Après avoir galopé à travers le paysage des 5 R, notre prochain arrêt sur cette route sinueuse vers l'éco-responsabilité est le territoire complexe mais fascinant des étiquettes de produits éco-responsables. Un lieu où la vérité peut parfois être aussi embrouillée qu'une vieille carte de trésor. Mais ne craignez rien, je suis là pour vous aider à naviguer dans ce labyrinthe.

En tant que consommateurs éco-responsables, nous sommes comme des détectives privés, enquêtant sur chaque produit avant de décider s'il mérite de rejoindre notre panier. Les étiquettes de produits éco-responsables sont notre loupe, notre source d'informations pour découvrir la vérité derrière la façade marketing.

Le premier mot que vous devez connaître est "biologique". Un produit biologique est un produit qui a été produit sans l'utilisation de pesticides, d'engrais chimiques ou d'organismes génétiquement modifiés. Mais attention, tous les produits portant l'étiquette "bio" ne sont pas égaux. Certains labels bio sont plus stricts que d'autres, il est donc important de se renseigner sur le label en question. Les labels les plus connus étant : AB, Eurofeuille, Bio Cohérence, Demeter, Eco-Cert (un des meilleurs) et Bio Equitable & Bio Solidaire.

Le deuxième mot est "équitable". Un produit équitable est un produit qui garantit des conditions de travail décentes et une rémunération équitable aux producteurs. C'est une belle façon de dire non à l'exploitation et oui à la solidarité internationale. Toutefois, là encore, tous les labels équitables ne sont pas identiques, donc une petite recherche s'impose. Voici la liste des principaux labels "équitables" : WFTO, BioPartenaire, Fair for Life, Tourisme Équitable, Fairtrade/Max Havelaar et MSC (pour la pêche).

Le troisième mot, c'est "durable". Un produit durable est un produit qui respecte l'environnement tout au long de son cycle de vie, de la production à l'élimination. C'est un mot à la mode, souvent utilisé à tort et à travers, alors restez sur vos gardes.

Et enfin, n'oubliez pas de regarder la liste des ingrédients. Comme un bon détective, recherchez les suspects habituels : les produits chimiques toxiques, les ingrédients synthétiques, les additifs artificiels. Si un ingrédient semble suspect, n'hésitez pas à sortir votre smartphone et à faire une petite recherche.

La lecture des étiquettes des produits éco-responsables peut sembler une tâche ardue, mais je vous promets que cela deviendra une seconde nature avec un peu de pratique. Et rappelez-vous, chaque produit que vous choisissez est un vote pour le type de monde dans lequel vous voulez vivre. Alors, prenez votre loupe et partez à la recherche de produits qui font vraiment la différence !

3. Réduire son empreinte carbone : un guide pour débutants

Maintenant que nous avons appris à déchiffrer les mystères des étiquettes de produits éco-responsables, préparez-vous à faire un grand pas dans votre voyage vers un avenir plus vert. Il est temps de plonger dans l'univers fascinant de l'empreinte carbone.

L'empreinte carbone, c'est un peu comme le poids du sac à dos que vous portez lors d'une randonnée dans les montagnes de l'éco-responsabilité. Plus vous consommez de ressources non renouvelables et produisez de déchets, plus votre sac est lourd. L'objectif est de faire en sorte que votre sac soit aussi léger que possible, pour ne pas épuiser les ressources de notre belle planète et ne pas laisser de traces indésirables sur votre chemin.

Mais comment pouvez-vous, simple citoyen, réduire votre empreinte carbone ? Je suis ravi que vous posiez la question. Voici quelques idées pour commencer :

Manger moins de viande et de produits laitiers :

Réduire la consommation de viande et de produits laitiers est un choix écologique important, car l'élevage est une source majeure d'émissions de gaz à effet de serre. Il existe plusieurs alternatives végétales délicieuses et nutritives que vous pouvez incorporer dans votre alimentation. Voici quelques idées :

- Protéines végétales : Les lentilles, les haricots, les pois chiches, le tofu, le tempeh, et le seitan sont d'excellentes sources de protéines et peuvent être utilisés dans une variété de recettes, des burgers végétariens aux ragoûts et aux sautés.

- Légumineuses : Les légumineuses sont une source de protéines incroyablement riche et polyvalente. Elles peuvent être utilisées pour faire des soupes, des salades, des ragoûts, et même des desserts.

- Substituts de viande : Il existe aujourd'hui de nombreux substituts de viande à base de plantes qui imitent la saveur et la texture de la viande, comme les burgers végétaliens, les saucisses, et les "steaks" de soja ou de pois.

- Produits laitiers alternatifs : Le lait d'amande, de soja, d'avoine, de riz, et de noix de coco sont d'excellentes alternatives au lait de vache. Ils peuvent être utilisés dans les céréales, les smoothies, la cuisson et la pâtisserie. Les yaourts, les fromages et les crèmes glacées véganes sont également de plus en plus disponibles sur le marché.

- Graines et noix : Les graines de chia, de lin, de tournesol et de citrouille, ainsi que les noix comme les amandes, les noix de cajou et les noix de pécan, sont des alternatives riches en nutriments et en protéines aux produits d'origine animale.

N'oubliez pas que la clé pour une alimentation saine et équilibrée, qu'elle soit végétarienne, végétalienne ou omnivore, est la variété. Essayez d'introduire ces alternatives dans votre alimentation progressivement et découvrez ce que vous aimez. Il est également recommandé de consulter un professionnel de la santé ou un nutritionniste pour vous assurer que vous obtenez tous les nutriments dont vous avez besoin. Car je ne vous demande pas de devenir "Vegan" (sauf si c'est vous qui le décidez), moi-même je mange encore des protéines animales, mais en bien plus faibles quantités qu'auparavant.

Choisir des modes de transport plus verts :

Prendre le vélo, marcher ou utiliser les transports en commun au lieu de la voiture est une excellente façon de réduire votre empreinte carbone. Et si vous devez prendre la voiture, pensez au covoiturage !

Économiser l'énergie à la maison :

- Isolation Thermique : Une bonne isolation des murs, du toit et des sols peut réduire considérablement la quantité d'énergie nécessaire pour chauffer ou refroidir votre maison.

- Fenêtres à Double Vitrage : Ces fenêtres aident à minimiser la perte de chaleur en hiver et à garder la chaleur à l'extérieur en été.

- Eclairage LED : Remplacez vos ampoules traditionnelles par des ampoules LED, qui consomment beaucoup moins d'énergie.

- Équipements Économes en Énergie : Lorsque vous devez remplacer les appareils, recherchez ceux qui ont une bonne cote d'efficacité énergétique.

- Thermostats Programmables : Ces dispositifs vous permettent de régler la température de votre maison en fonction de l'heure de la journée, ce qui peut réduire la consommation d'énergie.

- Chauffe-Eau Solaire : Considérez l'installation d'un système de chauffage d'eau solaire pour réduire votre dépendance à l'égard de l'électricité ou du gaz.

- Utilisation de Multiprises Intelligente : Elles coupent automatiquement l'alimentation des appareils lorsqu'ils ne sont pas utilisés, ce qui peut aider à économiser l'énergie.

- Sécher le Linge Naturellement : Plutôt que d'utiliser un sèche-linge, pensez à sécher vos vêtements à l'air libre.

- Douches Courtes : Une douche de cinq minutes utilise moins d'eau chaude qu'un bain complet.

- Cuisiner Efficacement : Utilisez des casseroles de taille appropriée sur les brûleurs de la cuisinière, gardez les couvercles sur les casseroles pour cuisiner plus rapidement et envisagez d'utiliser un autocuiseur.

- Entretien des Appareils : Assurez-vous que vos appareils et systèmes de chauffage et de refroidissement sont entretenus et fonctionnent efficacement.

- Installer des Panneaux Solaires : Si c'est une option, l'énergie solaire peut aider à réduire considérablement vos factures d'électricité.

- Plantation d'Arbres : Les arbres à feuilles caduques plantés à l'ouest et au nord-ouest de la maison peuvent fournir de l'ombre en été, puis laisser passer le soleil en hiver.

Recycler :

Vous vous souvenez des 5 R que nous avons vus précédemment ? Eh bien, recycler est l'un d'eux. Recycler permet de réduire la demande de nouvelles ressources et de minimiser la quantité de déchets que nous produisons.

Compenser vos émissions :

il existe de nombreux projets visant à compenser les émissions de carbone. Voici quelques exemples de types de projets que vous pourriez envisager (voir en Annexe pour les liens des sites web):

- Les projets de reforestation : Ces projets visent à planter des arbres pour absorber le CO_2 de l'atmosphère. Un exemple est le projet Eden Reforestation, qui plante des arbres dans les pays en développement.

- Les projets d'énergie renouvelable : Ces projets cherchent à remplacer les sources d'énergie à forte émission de carbone par des alternatives plus propres, comme l'énergie éolienne ou solaire. L'organisation Gold Standard certifie de tels projets dans le monde entier.

- Les projets de conservation de la forêt : Ces projets cherchent à protéger les forêts existantes qui absorbent naturellement le CO_2. Le projet REDD+ des Nations Unies est un exemple de ce type de projet.

- Les projets de capture et de stockage du carbone : Ces projets cherchent à capturer le CO_2 directement de l'atmosphère et à le stocker de manière sûre. L'entreprise Climeworks est un exemple de ce type de projet.

- Les projets d'efficacité énergétique : Ces projets cherchent à réduire la quantité d'énergie nécessaire pour alimenter nos maisons et nos entreprises. Cela peut être réalisé par des améliorations technologiques ou par des changements de comportement.

- Les projets d'agriculture durable : Ces projets cherchent à réduire les émissions de gaz à effet de serre provenant de l'agriculture, par exemple en promouvant l'agriculture biologique ou en réduisant l'utilisation d'engrais chimiques.

L'aventure pour réduire son empreinte carbone peut sembler ardue au début, mais rappelez-vous : chaque petit geste compte. Et une fois que vous aurez commencé, vous constaterez que ces nouvelles habitudes deviennent vite une seconde nature.

Alors, êtes-vous prêt à alléger votre sac à dos et à prendre le prochain pas sur le chemin de l'éco-responsabilité ?

GUIDE PRATIQUE POUR UN MODE DE VIE ZÉRO DÉCHET

1. Comment démarrer le zéro déchet ?

Ah, l'alléchant défi du zéro déchet ! À première vue, il pourrait sembler aussi intimidant que de gravir l'Everest en tong. Mais, mes chers explorateurs de l'éco-responsabilité, ne vous laissez pas décourager par cette métaphore de haute montagne. L'ascension vers le zéro déchet est bien moins périlleuse qu'elle n'y paraît, et le paysage qu'elle offre est d'une beauté à couper le souffle. Alors, enfilez votre manteau d'aventurier, et laissez-moi vous guider sur cette nouvelle étape de notre voyage écologique.

Tout d'abord, il est important de comprendre que le zéro déchet ne signifie pas littéralement zéro. C'est plus un idéal à atteindre, une direction vers laquelle tendre. Même si vous ne pouvez pas éliminer complètement les déchets de votre vie (et soyons honnêtes, qui le peut vraiment ?), chaque petit pas que vous faites dans cette direction compte. Et comme dans toute aventure, l'important n'est pas seulement la destination, mais aussi le voyage lui-même.

Alors, comment démarrer le zéro déchet ? Voici quelques conseils pour débuter :

Commencez petit :

Changer toute votre vie du jour au lendemain peut sembler intimidant, voire impossible. Choisissez un aspect de votre vie, comme votre routine de soins personnels, vos habitudes alimentaires ou vos achats, et commencez par là. Une fois que vous vous sentirez à l'aise, vous pourrez passer à autre chose.

Faites votre propre analyse des déchets :

Regardez attentivement ce que vous jetez. Cela vous aidera à comprendre où vous pouvez faire des changements. Vous serez surpris de voir combien de déchets peuvent être évités avec un peu de planification et de créativité.

Investissez dans des alternatives durables :

Échangez les bouteilles en plastique contre une gourde, les sacs en plastique contre des sacs en tissu, les cotons-tiges jetables contre une version réutilisable, des sacs à pain en papier contre des sacs en tissus, boîtes alimentaires en verre, pailles en acier ou en bambou, éponges en fibres naturelles ou en cellulose... Il existe une multitude de produits zéro déchet qui peuvent remplacer les articles à usage unique de votre quotidien.

Préparez et cuisinez vos propres repas :

Non seulement cela vous permettra de contrôler ce que vous mangez, mais cela vous permettra aussi d'éviter les emballages inutiles qui accompagnent souvent les plats à emporter ou les repas préparés.

Apprenez à refuser :

C'est probablement le conseil le plus important, et aussi le plus difficile à suivre. Mais apprendre à dire non aux articles inutiles et aux emballages à usage unique est une compétence essentielle sur le chemin du zéro déchet.

Comme pour réduire notre empreinte carbone, chaque petit geste compte dans notre quête du zéro déchet. Alors, vous êtes toujours avec moi, mes joyeux éco-pèlerins ? Vous vous sentez prêts à poursuivre notre exploration du zéro déchet ? Très bien ! Puisque vous êtes si motivés, voici quelques autres conseils pour poursuivre votre quête :

Adoptez le vrac :

Oubliez les emballages superflus et les quantités imposées. Optez pour les magasins qui proposent des produits en vrac, que ce soit pour la nourriture, les produits d'entretien ou les produits de beauté. Apportez vos propres contenants et savourez la satisfaction de faire vos achats sans générer de déchets inutiles.

Créez vos propres produits :

Que diriez-vous de devenir votre propre fabricant ? Beaucoup de produits que nous achetons peuvent être faits maison avec quelques ingrédients simples et naturels. Essayez de faire votre propre dentifrice, déodorant, ou même votre pain ! C'est non seulement écologique, mais aussi incroyablement satisfaisant.

Compostez :

Les restes de nourriture et les déchets organiques représentent une part importante de nos poubelles. En les compostant, vous pouvez non seulement réduire vos déchets, mais aussi créer un engrais riche et naturel pour vos plantes. Et non, vous n'avez pas besoin d'avoir un grand jardin pour composter. Il existe des solutions pour tous les espaces !

Réparez et recyclez :

Avant de jeter quelque chose, demandez-vous si vous pouvez le réparer, le réutiliser ou le recycler. Vous serez surpris de voir combien de vie peut encore avoir un objet qui semble au premier abord inutilisable.

Soyez indulgent avec vous-même :

Le chemin vers le zéro déchet n'est pas une ligne droite. Il y aura des jours où vous ferez des erreurs, où vous vous sentirez découragé. C'est normal. N'oubliez pas que chaque petit pas compte et que vous n'êtes pas seul dans cette aventure.

N'oubliez pas, mes chers éco-aventuriers, le zéro déchet est un voyage, pas une destination. Chaque petit pas que vous faites, chaque petit changement que vous apportez, c'est une victoire. Alors, prêts pour la prochaine étape de notre voyage ?

2. Astuces zéro déchet pour chaque pièce de la maison

Eh bien, nous y voilà, mes compagnons verts, débordant d'enthousiasme après notre grand départ dans le monde merveilleux du zéro déchet. On dirait que vous êtes prêts à passer à la vitesse supérieure. Et quoi de mieux que de commencer par le lieu où tout commence : votre maison. Mettons-nous à l'aise, servons-nous une tasse de thé (dans une tasse réutilisable, bien sûr) et explorons quelques astuces zéro déchet pour chaque pièce de votre maison.

La cuisine :

C'est le cœur de la maison et malheureusement, souvent le principal générateur de déchets. Alors, comment la transformons-nous en un paradis zéro déchet ? Débutons par le rituel des repas. Au lieu de céder à la facilité des plats préparés aux emballages non recyclables, lancez-vous dans la confection de vos propres recettes. Cela vous permet non seulement d'éviter un grand nombre de déchets, mais aussi de manger plus sainement et de redécouvrir le plaisir de cuisiner.

Lorsque vous faites vos courses, pensez à amener vos propres contenants et sacs en toile pour acheter en vrac. C'est non seulement plus économique, mais c'est aussi un pas de géant dans la réduction de l'usage du plastique.

Les déchets de cuisine peuvent également être compostés au lieu d'être jetés à la poubelle. Si vous n'avez pas de jardin, il existe des composteurs d'intérieur qui ne dégagent pas d'odeur et peuvent être utilisés en appartement.

Enfin, au quotidien, remplacez les objets jetables par leurs équivalents durables. Fini les éponges synthétiques, bonjour aux brosses à vaisselle en bois et aux têtes remplaçables. Dites adieu au film plastique et accueillez à bras ouverts les emballages réutilisables en cire d'abeille et les couvercles en silicone. Et pourquoi ne pas donner une seconde vie à vos bocaux en verre pour le stockage des aliments ?

Et pour couronner le tout, pour votre café matinal, adoptez la cafetière à piston, qui vous permettra d'apprécier un bon café acheté en vrac, sans l'ombre d'un emballage à jeter.

La salle de bains :

ce sanctuaire de propreté est bien trop souvent envahi par des montagnes de plastiques à usage unique. Comment réinventer cet espace pour le rendre respectueux de notre planète ? Allons-y étape par étape.

Commençons par votre rituel de douche. Remplacez votre gel douche liquide par un savon solide. Cela vous paraîtra peut-être étrange au début, mais vous vous y habituerez rapidement, et vous remarquerez une nette diminution de vos déchets. Et, cerise sur le gâteau, les savons solides durent souvent plus longtemps que leurs homologues liquides.

Passons ensuite à votre routine de soins dentaires. Les brosses à dents en bambou sont une alternative fantastique aux brosses à dents en plastique. Elles sont tout aussi efficaces, et en plus, elles sont compostables !

Pour les oreilles, les cotons-tiges réutilisables font des miracles. Un petit nettoyage après chaque utilisation, et ils sont prêts à être réutilisés.

Pour ce qui est de votre routine beauté, il existe des alternatives zéro déchet pour presque tout. Optez pour des shampooings et des savons solides, et choisissez des déodorants naturels en crème. Pour le démaquillage, des cotons lavables peuvent remplacer avantageusement les disques à usage unique.

Enfin, pour les hommes, le rasage peut lui aussi être éco-responsable. Préférez un rasoir de sécurité en métal durable à la myriade de rasoirs jetables en plastique. Ajoutez à cela un savon à raser solide, et votre rituel de rasage deviendra une expérience écologique.

En mettant en œuvre ces astuces, votre salle de bains se transformera peu à peu en un véritable sanctuaire du zéro déchet, respectueux de la planète et agréable à utiliser.

Le salon :

Cet espace de convivialité peut rapidement se transformer en dépotoir de meubles bon marché et d'objets de décoration inutiles. Comment alors le transformer en un havre de paix éco-responsable ? Suivons ce chemin ensemble, pas à pas.

D'abord, jetons un œil à votre mobilier. Privilégiez les meubles d'occasion, qui ont souvent plus de caractère que les meubles neufs et ont l'avantage d'être écologiques. Vous préférez les meubles neufs ? Pas de soucis, il existe de plus en plus de meubles fabriqués à partir de matériaux durables.

Pour la décoration, oublions les bibelots en plastique et accueillons avec joie les plantes. Non seulement elles apportent une touche de verdure à votre intérieur, mais elles purifient également l'air, c'est donc un choix doublement gagnant ! Pour un effet encore plus personnalisé, pourquoi ne pas exposer les œuvres d'art de vos enfants ? Ils seront fiers, et vous aurez une décoration unique et écologique.

Quant à vos loisirs, si vous aimez lire comme nous (après tout, vous lisez cet e-book, n'est-ce pas ?), envisagez d'opter pour une liseuse électronique. C'est un excellent moyen de réduire votre consommation de papier. Et si vous préférez le toucher des livres, pensez aux bibliothèques de quartier ou aux librairies d'occasion.

En suivant ces conseils, vous transformerez votre salon en un espace agréable, confortable et surtout, zéro déchet. Rien de tel pour se détendre après une journée de travail tout en respectant la planète.

La chambre :

Cette pièce de repos peut être le parfait reflet de vos convictions écologiques, pour un sommeil encore plus réparateur. Comment la rendre zéro déchet ? Regardons ensemble.

Pour commencer, la qualité de votre sommeil passe par la qualité de votre literie. Et si vous envisagiez un matelas en latex naturel ? Ils sont non seulement durables, mais aussi très confortables. Associez-le à des draps en fibres naturelles, comme le coton biologique ou le lin, qui sont doux pour la peau et respectueux de la planète.

Passons maintenant à la garde-robe. Au lieu de céder à la tentation de la dernière mode, pourquoi ne pas organiser des soirées d'échange de vêtements avec vos amis ? C'est une manière ludique et économique de renouveler votre garde-robe. Sinon, les boutiques de seconde main sont une véritable mine d'or pour dénicher des vêtements uniques tout en limitant votre empreinte écologique.

Si vous avez des enfants, privilégiez les jouets en bois aux jouets en plastique. Ils sont non seulement plus durables, mais aussi plus sains pour vos petits.

En adoptant ces conseils, votre chambre deviendra un véritable cocon de douceur, confortable et respectueux de l'environnement. Vous ferez de beaux rêves, c'est certain !

Le jardin/balcon :

Votre coin de verdure, qu'il soit grand comme un parc ou petit comme un balcon, peut devenir un véritable allié dans votre démarche zéro déchet.

Pour commencer, le composteur est l'accessoire phare du jardin éco-responsable. Transformez vos déchets organiques en un engrais riche et naturel qui ravira vos plantes. Si vous disposez d'un balcon, des modèles de composteurs adaptés existent, ne vous privez donc pas de cet or brun !

Ensuite, pensez à la récupération d'eau de pluie. Installer une cuve de récupération d'eau est une façon simple et efficace de limiter votre consommation d'eau potable. Vos plantes apprécieront cet arrosage naturel et vous ferez des économies.

Et si vous vous lanciez dans la culture de vos propres légumes ? Quoi de plus satisfaisant que de voir pousser ses propres aliments ? Pour cela, une petite serre peut s'avérer très utile. Et pas besoin d'un grand espace, de nombreux modèles adaptés aux balcons sont disponibles.

Grâce à ces astuces, votre espace extérieur sera transformé en un véritable écrin de nature éco-responsable. Profitez de cet oasis vert en accord avec vos valeurs, et observez la nature faire son travail !

L'idée ici est d'introduire graduellement des changements. Ne vous inquiétez pas si tout n'est pas parfait du jour au lendemain. Le voyage vers le zéro déchet est fait de petits pas constants, et non de grands sauts. À chaque pas que vous faites, vous faites une différence. Prêt pour la prochaine étape ? On se retrouve au prochain arrêt de notre éco-voyage !

3. Zéro déchet en déplacement : au bureau et en voyage

Maintenant que nous avons conquis notre maison, défi après défi, pièce après pièce, il est temps de se lancer dans l'aventure hors des murs familiers. Oui, c'est le moment de transporter notre philosophie zéro déchet au bureau et en voyage. Comme un super-héros de la durabilité, prêt à relever tous les défis, nous allons nous aventurer en dehors de notre confort domestique. Prêt pour l'aventure ? Allons-y !

Commençons par le bureau. Ah, le bureau ! Cet univers de dossiers, d réunions et, soyons honnêtes, de tasses de café oubliées sur le bureau Mais ne désespérez pas, même dans cet environnement, il y a de opportunités pour adopter le zéro déchet.

D'abord, et cela peut sembler évident, mais apportez votre propre tass de café réutilisable. C'est une petite action, certes, mais elle a un gran impact. Et qui sait, vous pourriez même commencer une nouvell tendance au bureau. Quant aux repas, pourquoi ne pas opter pour un lunch box réutilisable ? Et si vous n'avez pas le temps de cuisine choisissez un restaurant qui propose des options zéro déchet. N'oublie pas votre sac à dos pour éviter les sacs en plastique lors de vos achat imprévus. Enfin, pourquoi ne pas proposer une journée de nettoyage d bureau ? C'est une occasion de sensibiliser vos collègues à la durabilité e de faire un grand ménage.

Passons maintenant aux voyages. Voyager peut sembler être un montagne insurmontable sur la voie du zéro déchet. Mais rappelez-vous chaque petit pas compte.

Prévoyez à l'avance. Emportez des contenants réutilisables, une gourde des sacs en toile, des couverts et une serviette en tissu. Cela peu sembler beaucoup, mais vous serez surpris de voir à quel point ce articles peuvent être utiles. Et ils vous permettront d'éviter une multitud de déchets.

Choisissez des hébergements éco-responsables. De plus en plus d'hôtel et de bed and breakfast sont conscients de leur impact environnementa et proposent des options durables. Et si vous êtes un adepte du camping choisissez des sites qui respectent l'environnement.

Enfin, explorez les transports en commun locaux ou la location de vélos C'est non seulement un excellent moyen de réduire votre empreint carbone, mais c'est aussi une façon géniale de découvrir la vie locale.

Alors voilà, que vous soyez au bureau ou en voyage, il est tout à fa possible de vivre zéro déchet. Cela nécessite un peu de planification e quelques changements d'habitudes, mais les bénéfices pour la planète, e pour nous-mêmes, sont incommensurables.

Rappelez-vous : chaque geste compte, chaque choix a un impact. Même les plus petits changements peuvent faire une grande différence. Alors, prêts à emporter votre engagement zéro déchet partout avec vous ?

4. Comment faire son propre compost ?

Faire le pas audacieux vers un mode de vie zéro déchet peut ressembler à un voyage dans l'inconnu, que ce soit au bureau, en voyage, ou même dans votre propre maison. Mais qu'en est-il de votre jardin ? Ou peut-être de votre balcon ? Ou, pour les plus aventuriers d'entre nous, de votre cuisine ? Eh oui, nous parlons de compostage.

Le compostage, ce n'est pas seulement transformer vos restes de légumes en terreau pour vos plantes. C'est un acte de rébellion contre le gaspillage, une façon de dire à la Terre : "Hey, je te rends ce que tu m'as donné". C'est un cycle de vie complet dans le seau de votre cuisine. Alors, comment faire son propre compost ? Accrochez-vous, on plonge dans le monde merveilleux du compostage.

Tout d'abord, vous aurez besoin d'un composteur. Il peut s'agir d'un grand bac à compost pour le jardin, d'un composteur de balcon, ou même d'un lombricomposteur pour l'intérieur. Le choix dépend de votre espace et de votre style de vie. Mais ne vous inquiétez pas, il y a une option de compostage pour tout le monde.

Ensuite, c'est le moment de commencer à recueillir vos déchets organiques. On parle ici de vos restes de légumes et de fruits, de vos coquilles d'œufs, de votre marc de café, de vos feuilles de thé, de votre pain rassis, et même de vos fleurs fanées. Mais attention, tous les déchets organiques ne sont pas bons pour le compost. Evitez les restes de viande, de poisson, les produits laitiers et les restes de repas cuisinés.

Le secret d'un bon compost, c'est l'équilibre entre les "verts" (déchets humides comme les restes de légumes) et les "bruns" (déchets secs comme les feuilles mortes, le carton non imprimé). Une bonne règle de base est d'essayer de garder un ratio de 1:2, une partie de déchets verts pour deux parties de déchets bruns.

Maintenant, le plus important : la patience. Le compostage est un processus naturel et il faut du temps pour que les déchets se décomposent. Il faudra peut-être quelques mois avant que vous ne commenciez à voir les résultats de votre travail. Mais n'oubliez pas, chaque fois que vous ajoutez quelque chose à votre compost, vous faites un pas de plus vers un mode de vie zéro déchet.

Et puis, un jour, c'est le moment magique. Votre compost est prêt. Il a cette belle couleur marron, cette odeur de terre après la pluie. C'est le moment de l'utiliser pour enrichir le sol de votre jardin ou de vos plantes d'intérieur.

Alors, prêts à entrer dans le cycle de la vie, version zéro déchet ? A vos composteurs, prêts, compostez !

PRODUITS VERTS : COMMENT FAIRE LES MEILLEURS CHOIX

1. Évaluation des produits : comment reconnaître les "vrais" produits verts ?

Bon, vous avez adopté le zéro déchet à la maison, vous avez même apprivoisé le composteur et son univers fascinant. Bravo ! Mais comment s'y retrouver dans la jungle des produits dits "verts" quand on doit faire ses courses ? Vous êtes-vous déjà demandé si ces produits labellisés "éco-responsables" le sont vraiment ? Restez avec moi, on va éclaircir tout ça ensemble.

Tout comme vous apprenez à lire les ingrédients d'un produit alimentaire pour éviter les additifs nuisibles, il est temps de devenir un détective de l'éco-responsabilité et de décoder les étiquettes des produits verts. Mais attention, tous les produits verts ne sont pas créés égaux. Certains sont les vrais héros de l'écologie, d'autres sont juste déguisés pour l'occasion.

C'est ce qu'on appelle le greenwashing, ou l'éco-blanchiment. Vous savez, ces produits qui se vantent d'être verts mais qui, en réalité, ne le sont pas vraiment. Ils arborent fièrement des feuilles sur leur emballage, promettent des bienfaits pour la planète, mais quand on creuse un peu, on s'aperçoit que c'est surtout du marketing.

Alors, comment reconnaître un vrai produit vert ? Voici quelques astuces.

Le label :

Un label écologique fiable est un bon indicateur. Recherchez des labels tels que Ecolabel européen, NF Environnement, ou encore Bio Cohérence pour les produits alimentaires. Mais attention, tous les labels ne sont pas fiables, renseignez-vous sur leur critères d'attribution.

Les ingrédients :

Pour les produits de beauté et les produits ménagers, les ingrédients naturels et sans produits chimiques sont un bon signe. Privilégiez les produits avec une liste d'ingrédients courte et compréhensible.

L'emballage :

Un vrai produit vert doit avoir un emballage responsable. Privilégiez les emballages recyclables, réutilisables ou, mieux encore, les produits sans emballage.

L'entreprise :

Enfin, renseignez-vous sur l'entreprise qui fabrique le produit. Est-elle engagée dans des démarches durables au-delà du produit lui-même ? Soutient-elle des projets écologiques ?

C'est un peu comme une enquête, je vous l'accorde. Mais ne vous découragez pas. Avec le temps, vous deviendrez un expert dans l'art de démasquer les faux verts. Et vous savez quoi ? Chaque fois que vous choisirez un vrai produit vert, vous donnerez un coup de pouce à la planète. Alors, prêts à enfiler votre cape d'éco-détective ?

2. Les meilleurs produits verts pour la maison

Maintenant que vous avez votre badge d'éco-détective, et que vous savez comment éviter le piège du greenwashing, il est temps de vous armer de produits verts efficaces pour votre maison. Vous serez surpris de voir combien il est possible de rendre votre maison plus verte sans sacrifier le confort ou l'efficacité.

Commençons par la cuisine. On y utilise quotidiennement un grand nombre de produits qui, s'ils sont mal choisis, peuvent avoir un impact important sur l'environnement. Heureusement, il existe de formidables alternatives écologiques.

Les éponges : Dites adieu à ces vieilles éponges en plastique qui se désintègrent en microplastiques à chaque utilisation. Bonjour aux éponges naturelles, biodégradables, et très durables.

Les détergents : Les détergents conventionnels sont remplis de produits chimiques agressifs. Optez pour des détergents écologiques, fabriqués à partir d'ingrédients naturels. Ils sont tout aussi efficaces et bien moins nocifs pour l'environnement et votre santé.

Passons à la salle de bain. Cette pièce est souvent un haut lieu de consommation de plastique et de produits chimiques. Voici quelques alternatives.

Les savons : Privilégiez des savons solides, sans emballage ou avec un emballage recyclable. Ils sont souvent faits d'ingrédients naturels et sont une excellente alternative aux gels douche en bouteille plastique.

Les cotons démaquillants : Remplacez vos cotons démaquillants jetables par des cotons réutilisables. Ils sont doux pour votre peau et pour la planète.

Enfin, n'oublions pas le jardin, votre petit coin de nature.

Les pesticides : Privilégiez les solutions naturelles pour éloigner les nuisibles. Du savon noir pour les pucerons, de la lavande pour les moustiques, la nature est pleine de solutions efficaces.

Les engrais : Et pour nourrir vos plantes, pourquoi ne pas utiliser votre propre compost ? Vous vous souvenez, ce compost que vous avez appris à faire dans le chapitre précédent ? Vos plantes vont l'adorer !

Choisir des produits verts pour votre maison, c'est un peu comme inviter la nature chez vous. C'est créer un environnement plus sain pour vous et pour la planète. Alors, prêts à verdir votre maison ?

3. Les meilleures alternatives de beauté et de soins personnels verts

Alors, vous êtes prêts à transformer votre maison en un éden écoresponsable. Mais qu'en est-il de votre rituel de beauté ? N'est-il pas temps de lui donner un coup de vert ?

La plupart des produits de soins de la peau et de maquillage contiennent une liste interminable d'ingrédients que nous ne pouvons même pas prononcer. De plus, ces produits sont souvent testés sur les animaux et emballés dans du plastique à usage unique. Mais ne vous inquiétez pas, l'avenir de la beauté est vert et il est plus radieux que jamais.

Le maquillage :

Il existe de nombreuses marques de maquillage qui proposent des produits sans cruauté, végétaliens, et avec un emballage minimaliste. Parfois, ils offrent même des programmes de recyclage pour leurs produits vides. Du rouge à lèvres à la poudre compacte, il est possible de trouver des alternatives éco-responsables.

Les soins de la peau :

Pour les soins de la peau, optez pour des produits aux ingrédients naturels. Les huiles essentielles, les extraits de plantes et les beurres naturels peuvent faire des merveilles pour votre peau sans nuire à la planète. Regardez de plus près les petits producteurs locaux, ils font souvent de véritables trésors de la nature.

Les protections hygiéniques :

Mesdames, saviez-vous que nous utilisons en moyenne 11 000 tampons ou serviettes hygiéniques dans notre vie ? Imaginez l'impact sur l'environnement ! Heureusement, il existe aujourd'hui des alternatives comme les coupes menstruelles, les serviettes hygiéniques lavables ou les culottes menstruelles. C'est non seulement meilleur pour l'environnement, mais c'est aussi meilleur pour votre porte-monnaie !

Le rasage :

Messieurs, il est temps de dire au revoir aux rasoirs jetables. Le rasoir de sûreté est une alternative durable qui vous donnera un rasage de près sans générer de déchets. Et pour le gel à raser, pourquoi ne pas opter pour un savon solide naturel ?

Dentifrice et brosse à dents :

Pourquoi ne pas essayer un dentifrice solide ? C'est aussi efficace que le dentifrice traditionnel, mais sans l'emballage en plastique. De plus, optez pour une brosse à dents en bambou, qui est biodégradable et tout aussi efficace qu'une brosse à dents en plastique.

Shampooing et après-shampooing :

Les shampooings et après-shampooings solides sont une excellente alternative. Ils durent longtemps, sont super efficaces et viennent sans bouteille en plastique.

Déodorant :

Les déodorants naturels sont meilleurs pour votre peau et l'environnement. Vous pouvez en trouver sous forme solide, en pot ou en version à rouler dans un emballage en verre ou en carton.

Nettoyants pour le visage :

Optez pour un nettoyant pour le visage solide ou en poudre. Il est doux pour votre peau et l'environnement.

Brosses à cheveux :

Les brosses à cheveux en bois sont une alternative écologique aux brosses en plastique. Elles sont biodégradables et souvent beaucoup plus douces pour vos cheveux.

Coton-tiges :

Les cotons-tiges en bambou ou en silicone sont réutilisables et une excellente alternative aux cotons-tiges en plastique qui ne sont utilisés qu'une seule fois.

Savon :

Les pains de savon sont une alternative fantastique aux gels douche en plastique. Ils sont souvent plus doux pour la peau et peuvent être utilisés pour le corps, le visage et même les cheveux !

Adopter des alternatives de beauté et de soins personnels verts, c'est comme se donner un soin du visage à la nature. C'est prendre soin de votre corps tout en prenant soin de la planète. N'oubliez pas que le passage à des produits de beauté et de soins personnels écologiques est un processus. N'essayez pas de tout changer en une fois, mais plutôt un produit à la fois.

4. Mode éco-responsable : où trouver des vêtements durables ?

Ah, la mode ! On ne peut nier qu'une nouvelle tenue a le pouvoir de nous faire nous sentir incroyables. Mais saviez-vous qu'elle peut aussi avoir un impact majeur sur l'environnement ? Pas de panique ! Vous n'avez pas à renoncer à votre amour de la mode pour vivre de manière éco-responsable. Le secret est de privilégier la qualité plutôt que la quantité, et de chercher des alternatives durables.

Fripes et vêtements d'occasion :

N'oublions pas le vieil adage, "Ce qui est vieux devient nouveau". Les friperies, les ventes de garage, les marchés aux puces, les boutiques en ligne spécialisées comme Vinted ou Depop sont de véritables mines d'or pour dénicher des pièces de qualité à petits prix. Et quel plaisir de donner une seconde vie à un vêtement !

Les marques éco-responsables :

De plus en plus de marques adoptent des pratiques plus durables et transparentes. Elles utilisent des matériaux écologiques, garantissent des conditions de travail équitables et s'engagent à réduire leur empreinte carbone. Patagonia, Eileen Fisher, People Tree et ArmedAngels sont quelques exemples à explorer.

Location de vêtements :

Des services de location de vêtements comme Le Tote ou Rent the Runway vous permettent de porter des vêtements de marque sans les acheter. C'est une excellente option pour des occasions spéciales ou simplement pour varier votre garde-robe sans encombrer votre placard.

Vêtements en matériaux durables :

Cherchez des vêtements fabriqués à partir de matériaux durables comme le coton biologique, le lin, le chanvre ou des tissus recyclés. Ces matériaux nécessitent moins de ressources à produire et sont souvent plus durables.

Boutiques locales :

Soutenir les petites entreprises locales peut également être une manière plus durable de faire du shopping. Les créateurs locaux produisent souvent en petites quantités, ce qui réduit les déchets, et utilisent des matériaux locaux, ce qui réduit l'empreinte carbone.

Échange de vêtements :

Organiser des soirées d'échange de vêtements avec vos amis ou votre communauté locale peut être une excellente façon de renouveler votre garde-robe sans dépenser un sou ni produire de nouveaux déchets.

Ateliers de réparation et d'upcycling :

De nombreux espaces communautaires offrent des ateliers pour apprendre à réparer ou à upcycler (valoriser par la transformation) vos vieux vêtements. C'est une excellente façon de prolonger la durée de vie de vos pièces préférées.

Achat direct auprès des créateurs :

L'achat direct auprès des créateurs sur des plateformes comme Etsy peut être une excellente façon de soutenir les petits créateurs tout en choisissant des vêtements faits à la main et souvent personnalisables.

Vêtements en matières innovantes :

De nouvelles technologies permettent la création de matériaux innovants et durables. Par exemple, les vêtements fabriqués à partir de bouteilles en plastique recyclées ou de matériaux biodégradables comme l'eucalyptus sont de plus en plus populaires.

Investir dans des pièces intemporelles :

Au lieu d'acheter des pièces à la mode qui peuvent se démoder rapidement, investissez dans des pièces classiques et intemporelles qui résistent à l'épreuve du temps. Cela peut signifier dépenser un peu plus à l'avance, mais à long terme, vous économiserez de l'argent et réduirez votre empreinte écologique.

En fin de compte, le passage à une garde-robe éco-responsable ne se fait pas du jour au lendemain. Soyez patient avec vous-même et souvenez-vous, la clé de la mode éco-responsable est de changer notre mentalité. Il ne s'agit pas de suivre aveuglément les dernières tendances, mais plutôt de construire une garde-robe que vous aimez et qui durera. L'objectif n'est pas de remplir nos placards, mais de chérir chaque pièce que nous possédons. Parce qu'après tout, la vraie beauté est celle qui respecte notre précieuse planète.

ÉCONOMIE CIRCULAIRE ET CONSOMMATION RESPONSABLE

1. Qu'est-ce que l'économie circulaire ?

D'accord, nous avons discuté de la manière de choisir des vêtements durables et de dénicher des alternatives de soins personnels verts. Mais que se passerait-il si nous adoptions une vision encore plus large, au-delà de nos achats individuels ? C'est là qu'intervient l'économie circulaire, un concept qui pourrait bien changer notre monde.

Vous vous souvenez quand vous étiez enfant et que vous jouiez avec ces petits trains électriques ? Vous souvenez-vous comment ils tournaient en rond, encore et encore, sans jamais s'arrêter tant que vous ne leviez pas le pied de la pédale ? Eh bien, c'est un peu à ça que ressemble une économie circulaire. Sauf que dans ce cas, ce ne sont pas des trains, mais des ressources qui font le tour.

Dans notre système actuel, souvent appelé économie linéaire, nous extrayons des ressources, nous les utilisons (parfois très brièvement), puis nous les jetons. C'est un système qui pourrait être décrit comme "extraire, fabriquer, jeter". Malheureusement, cette approche est tout sauf durable. Les ressources s'épuisent et les déchets s'accumulent. Pas très joli, n'est-ce pas ?

Et c'est là qu'intervient l'économie circulaire. Imaginez un monde où rien ne serait perdu, où chaque déchet serait une ressource et où tout serait conçu pour être réutilisé, recyclé, ou composté. Une économie où les ressources feraient des boucles infinies, un peu comme notre petit train. En somme, une économie où l'idée même de déchet n'existerait pas.

C'est un concept génial, non ? C'est aussi un changement de perspective énorme. On passe d'un monde où tout est consommé et jeté à un monde où tout est valorisé et préservé. C'est un grand pas, mais c'est aussi une formidable opportunité. Car ce système promet de nombreux bénéfices, non seulement pour l'environnement, mais aussi pour les entreprises et pour nous, consommateurs.

Dans les sections suivantes, nous allons explorer comment nous pouvons contribuer à cette économie circulaire et comment cela peut transformer notre manière de consommer. Car oui, même en tant qu'individus, nous avons un rôle à jouer dans ce grand changement. Alors, êtes-vous prêt à embarquer dans ce train de l'économie circulaire ? Prochaine station consommation responsable !

2. Comment favoriser la consommation responsable ?

Maintenant que vous êtes à bord du train de l'économie circulaire, il est temps de penser à votre rôle dans ce voyage. Vous vous demandez peut-être : "*Comment puis-je favoriser la consommation responsable ?*" Excellent ! Ce genre de question est le signe que vous êtes prêt à faire partie du changement.

D'abord, mettons une chose au clair. La consommation responsable ne signifie pas nécessairement consommer moins, même si c'est souvent une bonne idée. Il s'agit plutôt de consommer de manière réfléchie, en tenant compte de l'impact de nos achats sur la planète et sur les gens.

Achetez avec intention :

C'est la règle d'or de la consommation responsable. Avant de faire un achat, posez-vous ces questions : En ai-je vraiment besoin ? Puis-je l'emprunter, le louer ou l'acheter d'occasion ? Existe-t-il une version plus durable de ce produit ?

Vérifiez l'origine :

Avez-vous déjà regardé d'où viennent vos produits ? Souvent, ils ont parcouru des milliers de kilomètres avant d'arriver chez vous. Privilégiez les produits locaux quand c'est possible, pour réduire l'empreinte carbone liée au transport.

Soutenez les entreprises responsables :

Certains fabricants font un effort particulier pour réduire leur impact environnemental et social. Ils méritent votre soutien ! Recherchez les entreprises qui ont des politiques environnementales claires, qui utilisent des matériaux durables et qui traitent équitablement leurs employés.

Réduisez, réutilisez, recyclez :

Vous vous souvenez des 5 R de la durabilité du chapitre 2 ? Ils s'appliquent ici aussi ! Réduisez votre consommation, réutilisez ce que vous pouvez et recyclez tout le reste.

Faites-vous entendre :

En tant que consommateur, vous avez du pouvoir. Utilisez-le pour demander des produits plus durables et pour soutenir les politiques qui favorisent une économie circulaire.

Optez pour des produits à emballage minimal :

Essayez d'acheter des produits avec le moins d'emballage possible. De nombreux produits sont suremballés, ce qui conduit à un gaspillage inutile. Cherchez des options en vrac ou avec des emballages recyclables ou compostables.

Favorisez les produits de saison :

En particulier pour les fruits et légumes, choisir des produits de saison peut aider à réduire votre empreinte carbone. Les produits hors saison sont souvent importés de loin ou cultivés dans des serres énergivores.

Pensez durabilité :

Achetez des produits qui sont conçus pour durer. Bien qu'ils puissent être plus chers à l'avance, ils vous coûteront souvent moins cher à long terme et auront un impact environnemental moindre.

Partagez :

Il n'est pas toujours nécessaire de posséder tout ce dont nous avons besoin. Le partage, l'échange et l'emprunt peuvent être de bonnes alternatives à l'achat de nouveaux produits. Pensez aux bibliothèques, aux ateliers de réparation de vélos, aux jardins communautaires, aux groupes d'échange de vêtements et aux plateformes de partage de biens.

Éduquez-vous :

Apprenez-en plus sur les impacts environnementaux et sociaux de vos choix de consommation. Lisez des livres, regardez des documentaires, participez à des ateliers ou à des webinaires. Plus vous en saurez, mieux vous pourrez faire des choix éclairés.

Voilà quelques pistes pour vous lancer dans la consommation responsable. Gardez en tête que chaque petit geste compte. Personne n'est parfait et le plus important, c'est de commencer quelque part. Alors, prêt à faire vos premiers pas dans cette nouvelle façon de consommer ? Allons-y, le train de l'économie circulaire est en marche et il ne s'arrête pas ! Prochain arrêt : soutenir les entreprises vertes et locales.

3. Faire la différence : comment soutenir les entreprises vertes et locales ?

Bienvenue dans l'univers des entreprises vertes et locales ! Cette partie du chapitre est comme le miel pour les abeilles, c'est doux et c'est essentiel pour une planète en meilleure santé.

Vous avez maintenant compris que chaque achat est un vote pour le type de monde que vous souhaitez. Le pouvoir des consommateurs est indéniable. Et l'un des moyens les plus efficaces de l'exercer est de soutenir les entreprises vertes et locales. Mais comment faire, me direz-vous ? Allez, enfilez vos bottes, je vous emmène !

Achetez local :

Si on se rappelle notre passage précédent sur l'économie circulaire, cela a du sens, n'est-ce pas ? Acheter local signifie non seulement soutenir l'économie de votre communauté, mais aussi réduire votre empreinte carbone. Moins de distance entre le produit et vous signifie moins de gaz à effet de serre émis.

Choisissez le vert :

Optez pour des entreprises qui mettent en avant leurs pratiques écologiques. Il peut s'agir de l'utilisation de matériaux durables, d'une production à faible émission de carbone, de politiques de travail équitable, ou encore de programmes de recyclage. Et n'oubliez pas, un vrai produit vert est celui qui est respectueux de l'environnement de sa conception à sa fin de vie.

Faites parler votre porte-monnaie :
Lorsque vous choisissez où dépenser votre argent, pensez à l'impact que cela peut avoir. Chaque achat est un vote pour le type de produits que vous voulez voir sur le marché.

Utilisez les médias sociaux :
Suivez et partagez le contenu des entreprises vertes que vous soutenez. Les médias sociaux sont un excellent moyen pour les petites entreprises de se faire connaître et d'atteindre un public plus large.

Participez à des marchés de producteurs et à des salons éco-responsables :
C'est un excellent moyen de découvrir de nouvelles entreprises vertes et de leur apporter directement votre soutien.

Évitez les "greenwashers" :
Malheureusement, toutes les entreprises qui prétendent être vertes ne le sont pas vraiment. Apprenez à repérer les signes du greenwashing, comme des revendications vagues ou non vérifiables. Voici une petite liste de "greenwashers": TotalEnergies (Ah bon!!), Nespresso, BNP Paribas, Adidas ou Coca-Cola (Ca alors!!) et au contraire voici quelques entreprises "les plus vertes": Nike, Shire, Google, Siemens, Ford, Unilever, Patagonia...

En soutenant les entreprises vertes et locales, nous pouvons aider à créer une économie plus durable et plus juste. C'est une façon concrète d'agir pour la planète, tout en profitant de produits et services de qualité. Alors, prêt à faire une différence avec votre portefeuille ?

L'ACTION COLLECTIVE ET LA POLITIQUE ENVIRONNEMENTALE

1. Pourquoi l'action collective est-elle essentielle pour sauver la planète ?

Passons maintenant à quelque chose d'un peu plus grand que nous tous : l'action collective. On pourrait se demander pourquoi se donner tant de mal quand on n'est qu'une seule personne, n'est-ce pas ? Laissez-moi vous expliquer pourquoi nous avons tous besoin de nous retrousser les manches et de sauter à pieds joints dans le grand bain de l'éco-responsabilité.

Nous sommes tous sur le même bateau :

Oui, je sais, nous l'avons déjà dit. Mais je vous assure que ce n'est pas juste une métaphore. La planète Terre, c'est notre bateau, et si on laisse les choses telles qu'elles sont, eh bien, disons simplement que ça ne va pas être une croisière de luxe. L'action collective est nécessaire parce que la protection de l'environnement est un défi mondial. Chacun de nous a une part de responsabilité, mais ensemble, nous pouvons faire une différence réelle et significative.

Le pouvoir est dans nos mains :

Pensez à cela : chaque fois que vous faites un choix écologique, vous envoyez un message. Vous dites à votre entourage, aux entreprises et aux gouvernements que vous tenez à notre planète. Plus nous sommes nombreux à envoyer ce message, plus il est fort. C'est le pouvoir de l'action collective.

L'union fait la force :

Vous vous souvenez de ces jeux de cordes à la récré ? On a toujours plus de chances de gagner quand on tire tous dans le même sens. C'est pareil pour l'écologie. Si chacun fait sa part, même un petit geste peut avoir un grand impact.

Inspirer les autres :

Chaque fois que vous faites un choix vert, vous donnez l'exemple. Vous inspirez votre entourage à faire de même. Et qui sait, peut-être que votre voisin inspirera à son tour son cousin, qui inspirera son collègue de travail, qui inspirera son fils... Vous voyez où je veux en venir ?

Changer le système :

Enfin, n'oublions pas que l'action collective peut changer le système en place. Les lois, les politiques, les réglementations, tout cela peut évoluer si nous nous unissons pour demander un changement.

J'entends vos petites voix dans mon oreille: *"D'accord tout ça c'est super, c'est beau, j'adore… vraiment ! Mais concrètement on fait comment ?"*. C'est avec ce genre des questions que l'on se rend compte que nous avons vraiment commencé le voyage vers un avenir plus durable. Voici ce que je réponds à toutes les personnes qui me posent cette question.

Participez à des nettoyages communautaires :

Vous pouvez vous joindre à des groupes locaux pour nettoyer des plages, des parcs, des rivières ou d'autres espaces publics. Ces événements sont non seulement un excellent moyen de contribuer à un environnement plus propre, mais aussi une occasion de rencontrer d'autres personnes engagées dans la cause environnementale.

Rejoignez ou créez un groupe d'achat commun :

Ces groupes permettent d'acheter en gros des produits biologiques ou écologiques directement auprès des producteurs, réduisant ainsi les coûts et les emballages.

Engagez-vous dans des coopératives locales :

Les coopératives d'alimentation ou d'énergie sont d'excellents moyens d'appuyer les initiatives locales tout en ayant un impact positif sur l'environnement.

Participez à des manifestations ou à des marches pour le climat :

Faites entendre votre voix pour le changement climatique et invitez votre entourage à vous rejoindre.

Impliquez-vous dans la politique locale :

Assistez aux réunions du conseil municipal ou du conseil d'école et plaidez pour des politiques plus durables.

Créez un jardin communautaire :

Un jardin partagé peut fournir de la nourriture locale, renforcer les liens communautaires et favoriser l'éducation à l'environnement.

Alors, oui, l'éco-responsabilité peut parfois sembler une montagne à gravir. Mais souvenez-vous, chaque grande ascension commence par un simple pas. Et lorsque nous marchons ensemble, la montée devient moins intimidante. Alors, êtes-vous prêt à faire partie de l'équipe pour sauver la planète ?

2. Comment s'impliquer dans des actions environnementales locales ?

Bon, nous avons parlé de l'importance de l'action collective. Maintenant, attaquons-nous à la question du "comment". Comment vous pouvez vous immerger dans le courant vert de votre communauté locale et faire bouger les choses. Vous vous sentez peut-être un peu perdu dans cette grande mer de l'éco-responsabilité, mais pas de panique ! Voici quelques idées pour vous lancer.

Connaissez votre environnement :

Avant de vous lancer, prenez le temps de comprendre votre environnement local. Quels sont les problèmes environnementaux les plus pressants dans votre région ? Pollution de l'air ? Déchets plastiques ? Déforestation ? Connaissez votre ennemi, comme on dit. Cela vous aidera à déterminer où votre contribution sera la plus utile.

Rejoignez des organisations locales :

Il y a de fortes chances qu'il existe déjà des groupes locaux qui œuvrent pour l'environnement dans votre région. Ils peuvent mener des projets de reboisement, des campagnes de sensibilisation à la pollution ou des programmes de recyclage. Ces groupes sont toujours à la recherche de bénévoles passionnés.

Participez à des événements locaux :

Les foires écologiques, les festivals verts, les ateliers de durabilité... tous ces événements peuvent être une excellente occasion de rencontrer des personnes partageant les mêmes idées, d'apprendre de nouvelles choses et de soutenir des initiatives vertes.

Proposez des initiatives vertes :

Avez-vous déjà pensé à proposer des projets écologiques à votre lieu de travail, à votre école ou dans votre quartier ? Que ce soit l'installation de poubelles de recyclage ou l'organisation d'une journée sans voiture, n'hésitez pas à prendre l'initiative !

Organisez des ateliers de sensibilisation :

Vous pouvez organiser des ateliers sur divers sujets liés à l'environnement dans votre communauté. Par exemple, vous pourriez organiser un atelier sur le compostage domestique, la façon de réduire la consommation d'énergie à la maison, ou comment fabriquer ses propres produits de nettoyage écologiques.

Commencez un club de troc ou de partage d'objets :

Cela peut être un excellent moyen de réduire la consommation et le gaspillage, tout en économisant de l'argent.

Lancez une campagne de nettoyage :

Organisez une journée de nettoyage de votre quartier, de votre parc local, d'une plage ou d'une rivière proche. Cela peut non seulement aider à éliminer les déchets, mais aussi sensibiliser les gens aux problèmes de pollution.

Participez à des projets de jardinage communautaire :

Le jardinage communautaire est une excellente façon de promouvoir la durabilité. En plus de fournir des aliments frais et locaux, ces jardins peuvent aussi aider à améliorer la qualité de l'air, à créer des habitats pour la faune et à fournir un espace de détente pour la communauté.

Participez à des projets de conservation de la faune :

Si votre région abrite des espèces de faune spécifiques, vous pourriez vous impliquer dans des projets de conservation. Cela pourrait impliquer la participation à des recensements d'oiseaux, la construction de nichoirs, ou le travail dans des refuges pour animaux.

Devenez un consommateur conscient :

Soutenez les marchés de producteurs locaux et les entreprises qui adoptent des pratiques durables. Votre argent est un vote pour le type de monde dans lequel vous voulez vivre, alors choisissez soigneusement où vous le dépensez.

Soutenez les campagnes de crowdfunding vertes :

Les plateformes de crowdfunding offrent souvent des opportunités pour soutenir des innovations vertes ou des initiatives de conservation.

Pétitions et manifestations :

Participez à des manifestations pour des causes environnementales ou lancez des pétitions pour inciter les gouvernements locaux à agir sur des questions environnementales.

Utilisez les médias sociaux pour sensibiliser :

Les médias sociaux peuvent être une arme puissante pour le bien environnemental. Utilisez-les pour partager des informations sur les questions environnementales, promouvoir des événements locaux, ou même lancer des défis écologiques à vos amis et votre famille.

Finalement, n'oubliez pas que chaque vote compte. Aux élections locales, soutenez les candidats qui ont un programme environnemental solide.

Et voilà ! Vous voyez, participer à des actions environnementales locales n'est pas seulement possible, c'est aussi passionnant et profondément gratifiant. Chacune de ces pistes peut sembler une goutte d'eau dans l'océan, mais n'oubliez jamais que c'est la somme de toutes ces gouttes qui fait l'océan.

Nous avons tous un rôle à jouer dans la préservation de notre magnifique planète. Que vous plantiez un arbre, participiez à un nettoyage de quartier ou encouragiez des pratiques de consommation responsable, chaque geste compte.

Le sentiment d'appartenance qui se crée lorsque nous nous rassemblons pour travailler à un objectif commun est un bonus ajouté. C'est la communauté et la connexion humaine, n'est-ce pas magnifique ?

Alors, enfilez ces bottes de jardinage, saisissez ce sac poubelle, brandissez cette pétition ! Le monde a besoin de plus de héros éco-responsables, et cela commence par vous. Comme disait l'écologiste David Brower : "*Pensez globalement, agissez localement*". Alors allez-y, mettez-vous au vert localement et faites une différence pour notre planète !

3. Comment influencer les politiques environnementales ?

Et maintenant, accrochez-vous à vos chapeaux, mes amis éco-responsables, parce que nous allons plonger dans les méandres de la politique environnementale. Ne prenez pas peur ! Je vous promets, cela peut être moins complexe et plus amusant qu'il n'y paraît.

Votez !

Oui, cela peut sembler évident, mais voter est l'un des moyens les plus puissants dont nous disposons pour influencer les politiques environnementales. Recherchez les candidats qui ont un solide programme en matière de durabilité et d'éco-responsabilité. Et n'oubliez pas, chaque élection compte, des municipales aux présidentielles !

Faites entendre votre voix :

Ecrivez à vos représentants locaux et nationaux pour exprimer votre soutien aux politiques environnementales. Vous seriez surpris de voir à quel point une lettre bien écrite peut avoir d'impact.

Rejoignez des groupes de défense de l'environnement :

Il existe de nombreuses organisations dédiées à la défense de l'environnement. En vous y joignant, vous pouvez aider à amplifier leur voix et à soutenir leurs efforts pour influencer les politiques.

Soyez un éco-ambassadeur dans votre communauté :

Faites preuve de leadership en organisant des événements éducatifs dans votre communauté, en promouvant des initiatives vertes locales et en encourageant d'autres à adopter des comportements plus durables.

Encouragez les entreprises responsables :

Montrez votre soutien aux entreprises qui adoptent des pratiques durables et qui défendent des politiques environnementales positives. Votre euro est votre vote !

Proposer des idées :

Qui a dit que les politiques devaient toujours venir d'en haut ? Si vous avez une idée brillante pour une politique environnementale, faites-la connaître ! Écrivez à votre conseil municipal, publiez-la sur les réseaux sociaux, discutez-en avec vos amis et votre famille. L'innovation est toujours la bienvenue.

Soutenir la recherche :

La science est notre alliée dans la lutte contre le changement climatique. Soutenez les organisations et les institutions qui mènent des recherches importantes sur l'environnement. Cela peut inclure des dons, mais aussi le partage de leurs travaux et de leurs conclusions.

Éducation :

Il n'est jamais trop tôt pour commencer à éduquer les autres sur l'importance de l'éco-responsabilité. Que vous soyez parent, enseignant, ou simplement un ami passionné, partagez vos connaissances et inspirez les autres à prendre des mesures.

Et voilà, fin de l'étape. Vous êtes maintenant prêts à vous lancer dans l'arène politique environnementale. Chaque jour, vous avez l'opportunité de faire une différence et, comme nous l'avons vu, il existe une multitude de façons de le faire.

Pour conclure ce chapitre, laissez-moi vous laisser avec une pensée. Nous avons parcouru un chemin incroyable ensemble. Du compostage maison à l'engagement dans les politiques environnementales, vous avez montré que vous êtes prêts à prendre des mesures pour protéger notre planète. N'oubliez jamais que le plus petit geste, lorsqu'il est multiplié par des millions, peut créer une onde de choc qui change le monde. Vous êtes l'écho dans la forêt, le battement d'aile du papillon qui provoque une tempête à l'autre bout du monde. Chacun de vous est une pièce essentielle du puzzle de la durabilité. Alors, avec votre esprit vert et votre cœur plein d'espoir, allez de l'avant et créez le changement que vous voulez voir. Notre planète a besoin de héros éco-responsables. Et vous savez quoi ? Vous en êtes un. Alors, chaussez vos bottes, enfilez votre cape et volez vers l'avenir vert que vous allez aider à créer.

CONCLUSION

1. Rester motivé sur le chemin de l'éco-responsabilité

Bien, vous y êtes. Vous êtes arrivés à la fin de notre merveilleux voyage de l'éco-responsabilité. Vous avez arpenté les sentiers sinueux du compostage, navigué à travers les vagues tumultueuses des choix de produits verts, et vous êtes grimpés à la cime des arbres de l'économie circulaire. Vous avez pris une grande inspiration de l'air frais de l'action collective et avez goûté à la saveur terre-à-terre de la politique environnementale. Quelle aventure, n'est-ce pas ?

Mais attention, avant de reprendre votre baluchon et de partir à l'assau
de votre nouvelle vie zéro déchet, il y a encore une chose à aborder
comment rester motivé sur ce chemin vertueux de l'éco-responsabilité ?

Vous vous êtes sûrement déjà demandé : *"Et si je trébuche ? Et si je m*
décourage ?" Ne vous inquiétez pas, c'est tout à fait normal. Changer se
habitudes n'est pas une mince affaire, surtout lorsqu'il s'agit de routine
profondément ancrées. Alors, comment rester fidèle à votre engagemer
envers la planète, même lorsqu'il devient difficile ?

Célébrez vos petites victoires :

Vous avez réussi à faire un compost pour la première fois ? Félicitations
Vous avez trouvé une superbe robe en seconde main ? Bravo ! Ne sous
estimez jamais la puissance d'une petite victoire. Chaque pas, aussi pet
soit-il, est un pas dans la bonne direction.

Restez curieux :

Le monde de l'éco-responsabilité est vaste et en constante évolution. Il
a toujours quelque chose de nouveau à apprendre, à découvrir. Reste
ouverts et curieux. Lisez des livres, regardez des documentaires, suive
des blogs sur le sujet. Cela gardera votre intérêt vivant.

Entourez-vous de personnes partageant les mêmes idées :

Les personnes qui nous entourent ont une grande influence sur notr
comportement. Si vous pouvez, entourez-vous de personnes qu
partagent votre passion pour l'environnement. Elles peuvent vou
soutenir, vous inspirer et vous motiver à poursuivre vos efforts.

Rappelez-vous pourquoi vous avez commencé :

Il y aura des jours où vous vous demanderez si tout cela en vaut la peine
Dans ces moments-là, relisez cet ebook (par exemple !)et rappelez-vou
pourquoi vous avez commencé ce voyage. Pour la planète, pour le
générations futures, pour vous-même.

Surtout, soyez indulgents envers vous-mêmes. Ce parcours n'est pas un
course, mais une marche qui se savoure, avec ses hauts et ses bas

L'important est de continuer à avancer, à votre rythme, un pas après l'autre, vers un monde plus vert et plus durable.

2. Rejoindre la communauté de Sauvons-la-Planète.com

Alors, vous voilà prêts à quitter le nid, à étendre vos ailes de papillon de la durabilité pour voleter vers le futur radieux qui vous attend. Mais attendez une minute ! N'oubliez pas, chaque papillon a besoin d'un jardin pour s'épanouir, non ?

Alors, pourquoi ne pas faire de notre communauté Sauvons-la-Planète.com votre propre jardin personnel ? Vous y trouverez une grande variété de plantes vertes (je veux dire, des personnes vertes) prêtes à partager leurs astuces de jardinage écologique (je veux dire, leurs idées d'éco-responsabilité), à échanger sur la façon de faire pousser des tomates sans plastique (ou peut-être juste sur la façon de vivre sans plastique), et surtout, à vous soutenir dans votre voyage.

Et la meilleure partie ? Nous sommes en train de planter les graines (littéralement, bien sûr, mais aussi métaphoriquement) pour notre tout nouveau forum ! Oui, vous avez bien entendu, un lieu où vous pourrez vous rencontrer, discuter, et qui sait, peut-être même créer de nouvelles amitiés durables.

Imaginez-le : une place du village virtuelle où vous pourrez vous arrêter pour une petite pause, prendre une tasse de thé virtuel (ou réel, si vous préférez) et bavarder avec vos compagnons de voyage. Un endroit où vous pourrez raconter vos aventures, partager vos réussites et, oui, même vos doutes et vos difficultés.

Donc, restez à l'écoute, restez connecté, car le grand dévoilement de notre forum se profile à l'horizon. Vous ne voudriez pas manquer ça, n'est-ce pas ? **Alors n'hésitez pas à vous abonnez à notre newsletter pour connaître la date du grand jour** !

Alors voilà, nous arrivons au bout de notre voyage ensemble. Mais n'oubliez pas, chaque fin n'est que le début d'une nouvelle aventure. Alors, chers papillons, prenez votre envol, épanouissez-vous, et continuons ensemble à faire de ce monde un endroit plus vert, plus propre, et surtout, plus aimant.

Nous vous attendons avec impatience dans notre jardin sur Sauvons-la-Planète.com. Prenez soin de vous et de notre belle Terre.

ANNEXES

1. Ressources et outils pour approfondir

Bon, après cette incroyable épopée verte que nous venons de traverser ensemble, je peux comprendre si vous avez l'impression que votre cerveau est une sorte de compost organique en pleine fermentation. Néanmoins, j'espère que, tout comme un bon compost, votre cerveau est maintenant enrichi et prêt à faire germer de nouvelles idées écologiques.

Si votre soif de connaissances sur l'écologie est toujours insatiable, pas de souci! J'ai préparé pour vous une sélection de ressources supplémentaires pour continuer à enrichir votre compréhension du monde verdoyant et durable dans lequel nous aspirons tous à vivre.

Livres :

"Famille presque zéro déchet : Ze guide" par Jérémie Pichon et Bénédicte Moret. Un guide pratique et ludique pour toute la famille. (mon livre de chevet)

"Sauvons la planète : Mon grand livre des réponses" par un collectif d'auteurs. Un ouvrage destiné aux plus jeunes pour comprendre les enjeux environnementaux et les défis auxquels notre planète est confrontée. (promis c'est pas moi qui l'ai écrit celui-là)

"The Story of Stuff: How Our Obsession with Stuff Is Trashing the Planet, Our Communities, and Our Health-and a Vision for Change" par Annie Leonard. Une lecture révélatrice sur l'impact de notre obsession de la consommation. (pour les anglophones)

"A l'aube de la 6e extinction" de Bruno David. Il nous ouvre les yeux sur une crise silencieuse et rapide : l'effondrement de la vie animale et végétale.

"Climat : comment éviter un désastre" de Bill Gates. De manière très accessible, Bill Gates détaille un programme novateur en matière de technologies écoresponsables pour tendre vers une transition des énergies bas carbone

Sites Web :

"Greenpeace France" : Retrouvez les dernières actualités environnementales et les campagnes de sensibilisation de l'organisation.

"ConsoGlobe" : Un magazine en ligne consacré à la consommation responsable, l'écologie, le bio et le durable.

"The Good Trade": Ce site est une ressource fabuleuse pour découvrir des marques et des produits éthiques et durables. (pour les anglophones).

"nosgestesclimat.fr" : Une calculatrice pour faire le point sur votre empreinte carbone sur une année. (très instructif)

"ecosia" : Le moteur de recherche "écolo" qui plante des arbres dans plus de 35 pays. Pensez à faire vos recherches via ce moteur en lieu et place de Google. (mon préféré !)

Applications Mobiles :

"90jours" : Une application qui vous guide vers un mode de vie plus écoresponsable, à votre rythme.

"Yuka" : Une application pour scanner les produits et connaître leur impact sur la santé et l'environnement.

Projets de Compensation Carbone :

Gold Standard: Gold Standard est une organisation non-gouvernementale qui certifie des projets de compensation carbone. Vous pouvez acheter des crédits carbone directement sur leur site web pour soutenir des projets dans le monde entier.

ClimatePartner: Cette entreprise propose une variété de projets de compensation carbone que vous pouvez soutenir, y compris des projets de reforestation et d'énergie renouvelable.

Atmosfair: Atmosfair est une organisation à but non lucratif qui propose des projets de compensation carbone dans le domaine de l'énergie renouvelable.

Cool Effect: Cool Effect est une plateforme qui permet aux individus de soutenir des projets de compensation carbone de petite taille qui ont un impact important.

Carbonfund.org: Carbonfund.org propose une variété de projets de compensation carbone que vous pouvez soutenir, y compris des projets de reforestation, d'énergie renouvelable et d'efficacité énergétique.

Eden Reforestation Projects: Vous pouvez directement soutenir leur travail de reforestation à travers leur site web.

Climeworks: Vous pouvez soutenir leur technologie de capture directe de l'air en vous abonnant à leurs services.

Et voilà, je vous laisse avec ces outils qui, je l'espère, vous aideront à continuer votre voyage vers un avenir plus vert. Restez connecté avec nous sur "sauvons-la-planète.com", car notre nouveau forum de discussion sera bientôt en ligne. En attendant, joyeux recyclage, compostage, réutilisation et surtout... pensez vert !

2. Glossaire des termes environnementaux

Agrafeuse sans agrafe : Agrafeuse qui attache les feuilles de papier sans utiliser d'agrafes métalliques. Les feuilles sont pliées et taillées de manière à rester ensemble.

Bilan Carbone : Une évaluation des émissions de gaz à effet de serre produites par une activité ou une organisation.

Biodégradable : Qui peut être décomposé par des micro-organismes tels que les bactéries et les champignons. Pas de panique, c'est une bonne chose !

Compostable : Peut être dégradé dans un tas de compost et retourné à la terre sans laisser de résidus toxiques.

Déchets organiques : Restes d'aliments, épluchures, coquilles d'œufs, marc de café... Bref, tout ce qui vient de la nature et qui peut y retourner !

Eco-conception : La pratique de concevoir des produits avec une considération spéciale pour leurs impacts environnementaux tout au long de leur cycle de vie.

Économie Circulaire : Un système économique qui vise à minimiser le gaspillage et à maximiser la réutilisation des ressources.

Economie Verte : Un système économique qui vise à réduire les impacts environnementaux par l'intégration de la durabilité à tous les niveaux de la production.

Fair Trade ou Commerce équitable : Un type de commerce qui vise à donner des conditions de travail équitables aux producteurs de marchandises, souvent dans les pays en développement.

Footprint ou Empreinte écologique : Une mesure de l'impact humain sur la Terre en termes de consommation de ressources naturelles.

Greenwashing ou Écoblanchiment : Quand une entreprise prétend être plus verte qu'elle ne l'est réellement. Méfiance !

Incineration : Le processus de brûler les déchets. Cela produit de l'énergie, mais aussi beaucoup de CO_2.

Jardinage biologique : Cultiver des plantes sans utiliser de produits chimiques synthétiques comme les pesticides ou les engrais.

Kilowattheure (kWh) : Unité de mesure de l'énergie. Souvent utilisée pour mesurer la consommation d'électricité.

Localvore : Une personne qui choisit de consommer des aliments produits localement pour réduire son empreinte carbone.

Microplastiques : Petites particules de plastique, souvent invisibles à l'œil nu, qui polluent l'environnement.

Neutralité carbone : Atteindre un équilibre entre émettre du CO_2 dans l'atmosphère et le retirer.

Organique : Produit sans l'utilisation de produits chimiques synthétiques comme les pesticides, les engrais artificiels, etc.

Permaculture : Un système de conception de la production agricole qui imite les systèmes et les patterns observés dans la nature.

Qualité de l'air : Évaluation de la propreté de l'air que nous respirons et de la présence de polluants.

Recyclage : Le processus de transformation des déchets en nouveaux produits. Allez, on le sait tous !

Sobriété énergétique : Le fait de réduire volontairement sa consommation d'énergie.

Transition écologique : Le processus de transformation de nos sociétés vers des modèles de développement plus respectueux de l'environnement et des ressources naturelles.

Tri sélectif : Le fait de séparer ses déchets en différentes catégories pour faciliter leur recyclage.

Upcycling ou Surcyclage : L'art de transformer les déchets ou les produits inutilisés en nouveaux produits de qualité supérieure.

Véganisme : Philosophie de vie qui exclut toute forme d'exploitation et de cruauté envers les animaux, que ce soit pour l'alimentation, l'habillement, ou toute autre finalité.

Végétarisme : Régime alimentaire qui exclut la consommation de viande et de poisson.

Xérophyte : Une plante qui a adapté pour survivre avec peu d'eau. Une bonne option pour un jardinage éco-responsable.

Yard Sharing ou Partage de Jardin : Un arrangement dans lequel une personne possédant de la terre permet à une autre personne de la cultiver. Une belle façon de favoriser l'agriculture locale et durable !

Zéro Déchet : Un mouvement qui encourage la réduction de la production de déchets au minimum, avec l'objectif ultime de ne produire aucun déchet.

Zéro émission : Un terme utilisé pour décrire les sources d'énergie ou les processus industriels qui ne libèrent aucun gaz à effet de serre dans l'atmosphère.

Et voilà ! Avec ce glossaire à portée de main, plus rien ne pourra vous arrêter dans votre quête d'éco-responsabilité. Vous êtes parés à parler écologie avec assurance et précision !

3. Index des produits verts recommandés

J'espère que vous avez apprécié cette excursion éclairante à travers la jungle verte de la durabilité. Je parie que vous êtes impatients de mettre en pratique tout ce que vous avez appris. Mais par où commencer ?

Ne vous inquiétez pas, j'ai pensé à tout ! Pour vous aider à démarrer votre aventure zéro déchet, voici une liste des produits verts que nous avons recommandés tout au long de ce guide. Des produits pour la maison aux articles de mode, en passant par les soins personnels, il y en a pour tous les goûts.

Produits pour la maison :

"Duralex" : Des verres durables et réutilisables fabriqués en France.
"Bambaw" : Des pailles en inox ou en bambou pour remplacer les pailles jetables.
"ZéroGaspi" : vous fait découvrir de nombreuses marques engagées dans le zéro déchet et l'écologie, comme des box mensuels, des produits cosmétiques...

Beauté et soins personnels :

"Lamazuna" : Du dentifrice solide et des shampoings solides.
"Savonnerie Marius Fabre" : Des savons de Marseille traditionnels.
"Clémence & Vivien" : Des déodorants naturels et zéro déchet.

Mode éco-responsable :

"Ekyog" : Des vêtements féminins chics et durables.
"Le Slip Français" : Des sous-vêtements fabriqués de manière éthique en France.
"Faguo" : Des chaussures et accessoires éco-responsables.

Pour le compostage :

"Skaza - Bokashi Organko" : Un composteur de cuisine innovant.
"Graf" : Un composteur en plastique recyclé, idéal pour les jardins.

Alors, voilà ! Une liste de quelques produits verts pour vous aider à démarrer sur la voie du zéro déchet. N'oubliez pas, chaque petit pas compte. Allez, allons-y et sauvons la planète... un produit à la fois !

REMERCIEMENTS

En tout premier lieu je tiens à remercier... mes lecteurs (toi !). C'est grâce à vous tous que nous allons pouvoir changer nos habitudes et les mentalités. Donc un grand MERCI !!

Mon épouse et mes 2 filles qui m'aident de par leurs présences et leurs encouragements à continuer de faire bouger les choses.

Pour la petite anecdote, je tiens à remercier, plus particulièrement, mon aînée. C'est grâce à elle et à son spectacle fait dans son école que l'idée de cet ebook et mon pseudo sont nés. Je tiens à vous partager les paroles de cette chanson :

T'es rien sur la Terre, terrien d'Alain Schneider

C'est un grand jour aujourd'hui pour Petit Aigle Blanc
Son père lui apprend à écouter le chant du vent
Au sommet de la montagne, assis côte à côte
Les yeux fermés, ils attendent dans les herbes hautes
Hey, hey, hey, hey, hey, hey
Hey, hey, hey, hey, hey, hey
Alors Aigle Blanc entendit le vent
Doucement le vent lui dit
T'es rien sur la Terre, Terrien
Rien qu'un locataire
Et je te le dis tout net
Prends soin de ma planète
Rien ne t'appartient Terrien
Ici sur la Terre
Et je te le dis tout net
Prends soin de ma planète
C'est un grand jour aujourd'hui pour Petit Cheval Gris
Son père lui apprend à écouter chanter la pluie
Tout au bord de la rivière, assis côte à côte
Les yeux fermés, ils attendent dans les herbes hautes
Hey, hey, hey, hey, hey, hey
Hey, hey, hey, hey, hey, hey
Hey, hey, hey, hey, hey, hey
Hey, hey, hey, hey, hey, hey
Alors Cheval Gris entendit la pluie

Doucement la pluie lui dit
T'es rien sur la Terre, Terrien
Rien qu'un locataire
Et je te le dis tout net
Prends soin de ma planète
Rien ne t'appartient Terrien
Ici sur la Terre
Et je te le dis tout net
Prends soin de ma planète
Hey, hey
Hey, hey, hey, hey, hey, hey
Hey, hey, hey, hey, hey, hey
Hey, hey, hey, hey, hey, hey
Hey, hey, hey, hey, hey, hey
C'est un jour sombre aujourd'hui pour nous, les ombres blanches
Nous n'écoutons plus la pluie et le vent qui chantent
Il faut qu'ils rugissent, il faut qu'ils se déchaînent
Que la Terre gémisse pour qu'on les entende à peine
Hey, hey
Hey, hey
T'es rien sur la Terre, Terrien
Rien qu'un locataire
Et je te le dis tout net
Prends soin de la planète
T'es rien sur la Terre, Terrien
Rien qu'un locataire
Et je te le dis tout net
Prends soin de la planète
T'es rien sur la Terre, Terrien
Rien qu'un locataire
Et je te le dis tout net
Prends soin de la planète
T'es rien sur la Terre, Terrien
Rien qu'un locataire
Et je te le dis tout net
Prends soin de la planète

Salut à tous !!